BEI GRIN MACHT SICH IHR WISSEN BEZAHLT

- Wir veröffentlichen Ihre Hausarbeit, Bachelor- und Masterarbeit

- Ihr eigenes eBook und Buch - weltweit in allen wichtigen Shops

- Verdienen Sie an jedem Verkauf

Jetzt bei www.GRIN.com hochladen und kostenlos publizieren

Bibliografische Information der Deutschen Nationalbibliothek:

Die Deutsche Bibliothek verzeichnet diese Publikation in der Deutschen Nationalbibliografie; detaillierte bibliografische Daten sind im Internet über http://dnb.d-nb.de/ abrufbar.

Dieses Werk sowie alle darin enthaltenen einzelnen Beiträge und Abbildungen sind urheberrechtlich geschützt. Jede Verwertung, die nicht ausdrücklich vom Urheberrechtsschutz zugelassen ist, bedarf der vorherigen Zustimmung des Verlages. Das gilt insbesondere für Vervielfältigungen, Bearbeitungen, Übersetzungen, Mikroverfilmungen, Auswertungen durch Datenbanken und für die Einspeicherung und Verarbeitung in elektronische Systeme. Alle Rechte, auch die des auszugsweisen Nachdrucks, der fotomechanischen Wiedergabe (einschließlich Mikrokopie) sowie der Auswertung durch Datenbanken oder ähnliche Einrichtungen, vorbehalten.

Impressum:

Copyright © 2016 GRIN Verlag, Open Publishing GmbH
Druck und Bindung: Books on Demand GmbH, Norderstedt Germany
ISBN: 9783668413436

Dieses Buch bei GRIN:

http://www.grin.com/de/e-book/355215/sachanalyse-zu-einer-bildungsinteraktion-im-kindergarten-im-fach-philosophie

Toni Barth

Sachanalyse zu einer Bildungsinteraktion im Kindergarten im Fach Philosophie

GRIN Verlag

GRIN - Your knowledge has value

Der GRIN Verlag publiziert seit 1998 wissenschaftliche Arbeiten von Studenten, Hochschullehrern und anderen Akademikern als eBook und gedrucktes Buch. Die Verlagswebsite www.grin.com ist die ideale Plattform zur Veröffentlichung von Hausarbeiten, Abschlussarbeiten, wissenschaftlichen Aufsätzen, Dissertationen und Fachbüchern.

Besuchen Sie uns im Internet:

http://www.grin.com/

http://www.facebook.com/grincom

http://www.twitter.com/grin_com

WERKSTATT
PHILOSOPHIE UND RELIGION

Methodisch – didaktische Vorüberlegungen

1. *Thema und übergeordnete Zielsetzung*

    Die Bildungsinteraktion ist Teil einer Angebotsreihe zum Thema Toleranz. Dieses Thema nimmt gerade aufgrund der aktuellen Flüchtlingspolitik einen hohen Stellenwert in unserer heutigen und insbesondere zukünftigen multikulturellen Gesellschaft ein.
    Diese Angebotsreihe hat das Ziel, das Verständnis der Kinder für die Gleichzeitigkeit und Gleichwertigkeit verschiedener Perspektiven und Vorstellungen von der Welt zu wecken.[1]
    Anhand des Bilderbuches „Kopf hoch, Fledermaus" von Jeanne Willis, möchte ich mit den Kindern der Frage „Wer oder was bestimmt, was normal ist?" in einer anschließenden Gesprächsrunde nachgehen, da diese Frage mir in der Vergangenheit von einem Kind aus der Gruppe gestellt worden ist.
    Das Buch dient als Hilfestellung, damit sich die Kinder in eine andere Perspektive hineinversetzen bzw. einen Sachverhalt aus einem anderen Blickwinkel betrachten. Im Speziellen soll es in dieser Bildungsinteraktion um die Wahrnehmung gehen. Die Kinder sollen erkennen, dass die (*hier* optische) Wahrnehmung die Sichtweise auf bestimmte Dinge sowie unsere Vorstellung davon, was normal bzw. für uns vertraut ist, beeinflusst.

3. *Sachanalyse*

    fachwissenschaftliche Analyse

    Der Begriff *Toleranz* lässt sich ableiten vom lateinischen *tolerare* und bedeutet so viel wie *ertragen* bzw. *erdulden*. Es gibt viele Definitionen für den Begriff *Toleranz*. Die UNESCO hat ihn in ihrer *Erklärung von Prinzipien der Toleranz* im Artikel 1 wie folgt beschrieben: „Toleranz bedeutet Respekt, Akzeptanz und Anerkennung der Kulturen

---

[1] vgl. **Bundeszentrale für politische Bildung:** *Philosophieren mit Kindern.* In: www.bpb.de. Stand: 24.5.2016. URL: https://www.bpb.de/system/files/dokument_pdf/Leitfaden_01_02_200516.pdf (letzter Abruf am 22.09.2016)

unserer Welt, unserer Ausdrucksformen und Gestaltungsweisen unseres Menschseins in all ihrem Reichtum und ihrer Vielfalt. Gefördert wird sie durch Wissen, Offenheit, Kommunikation und durch Freiheit des Denkens, der Gewissensentscheidung und des Glaubens."[2]

Den Perspektivwechsel, den die Kinder während der Bildungsinteraktion durchführen sollen, dient als Grundprinzip interkulturellen Lernens. Während der Bildungsinteraktion verwende ich jedoch das Synonym *Blickwinkel* oder *Standpunkt* und erkläre den Kindern, dass diese Wörter alle dieselbe Bedeutung haben.

Dieser Wechsel der Sichtweise wird einigen Kindern nicht leicht fallen. Der Biologe und Entwicklungspsychologe Jean Piaget spricht in diesem Zusammenhang vom Egozentrismus des Kindes. Demnach sind Kinder im Alter zwischen 2 und 6 Jahren nicht in der Lage, sich in eine andere Perspektive hineinversetzen zu können. Die Überwindung des Egozentrismus wird nach Piaget nur möglich durch Erfahrung und Speicherung unterschiedlicher Ansichten sowie durch sozialen (Meinungs-)Austausch sowie durch Widerspruch und Konflikt der Ansichten.

Da sich die BI mit der Frage „Wer oder was bestimmt, was normal ist?" beschäftigt, muss geklärt werden, was *normal* überhaupt bedeutet. Laut Duden bedeutet es *der Norm entsprechend* bzw. *vorschriftsmäßig*. „Normen sind nicht nur Richtlinien für Qualitätsmanagement oder Büromöbel, sondern legen auch wichtige Kriterien im sozialen Miteinander fest. Eine Norm ist weniger als ein Gesetz, aber mehr als eine Vereinbarung unter Einzelnen. Normal ist also das, woran man sich gemeinhin hält. Dadurch glänzt das Normale meist durch die Abwesenheit großer Überraschungen, es glitzert und flirrt nicht."[3] Das Gegenteil davon ist *anormal* und bedeutet *von der Norm abweichend* bzw. *ungewöhnlich* oder *anders*.

Wer oder was bestimmt, was normal ist, ist zum einen die Gesellschaft, in der man lebt. Diese verlangt von ihren Mitgliedern, dass sie ein normales Leben führen. Die Voraussetzungen für das normale Leben ändern sich in jeder Gesellschaft. Der Begriff *Normalität* hat eine enge Beziehung mit der Kultur. Im Alltag benutzen wir den Begriff *normal* fast schon inflationär. In fremden Kulturen hingegen fällt es uns schwer, da wir uns erst an neue Sitten und Gebräuche sowie diverse Selbstverständlichkeiten in dieser

---

[2] **UNESCO:** *Erklärung von Prinzipien der Toleranz.* In: www.unesco.de. Stand: 23.09.2016
URL: http://unesco.de/infothek/dokumente/unesco-erklaerungen/erklaerung-toleranz.html
(letzter Abruf am 23.09.2016)
[3] **Emotion:** *Was bedeutet eigentlich ... normal?* In: www.emotion.de Stand: 09.04.2014
URL: http://www.emotion.de/de/ina-schmidt/kolumne-normal-6214 (letzter Abruf am 24.09.2014)

Kultur gewöhnen müssen. Jede Kultur hat ihr eigenes Bild davon, was *Normalität* und *anders sein* bedeutet. Folgende Beispiele können dies verdeutlichen:

In Indien ist es völlig normal seine Nahrung mit der Hand zu essen.
In Vietnam ist das Nase putzen in der Öffentlichkeit verboten.
In China gilt Schmatzen beim Essen nicht als Unsitte.
In Namibia wird bei Regen getanzt.
In Thailand hat jeder Wochentag seine eigene Farbe.

„Innerhalb einer Kultur lässt sich in historischer Perspektive zeigen, dass sich Normalitätsvorstellungen wandeln. Solche Vorstellungen sind für die Ordnung eines sozialen Systems unverzichtbar und sie sind für die Individuen in einer Gesellschaft hoch bedeutsam. Sie liefern Kriterien für die Zugehörigkeit zu einer sozialen Welt, aber auch für den Ausschluss (die Soziologie spricht von „Inklusion" oder „Exklusion"). Differenzierte moderne Gesellschaften haben sich Professionen, Institutionen und Dienstleistungssektoren geschaffen, die die Grenze von Normalität und Abweichung „bewachen" und kontrollieren bzw. Menschen durch Beratung und Therapie auf den „Pfad der Normalität" bringen sollen. Psychiatrie, Psychotherapie, Sozial- und Sonderpädagogik oder Kriminologie haben genau dadurch ihr Mandat erhalten. Sie haben differenzierte Klassifikationssysteme geschaffen, die das Abweichungsfeld ordnet (...)."[4]

Dann gibt es noch die Wahrnehmung, welche Einfluss auf die Sichtweise und das Verständnis von Normalität hat. Fakt ist: Wir reagieren auf Reize aus unserer Umwelt, z.B. akustische Reize, chemische Reize oder optische Reize. Um all diese Reize wahrzunehmen, besitzt der Mensch sechs verschiedene Sinne. Darunter auch den Sehsinn. Unsere Sinne nehmen Reize aus unserer Umgebung auf. Unsere Filter entscheiden, welche Informationen davon in unser Bewusstsein gelangen. Diese werden dort sofort mit Erfahrungen verglichen und interpretiert,

---

[4] **Keupp, Heiner:** *Normalität und Abweichung.* In: www.ipp-muenchen.de Stand: unbekannt
URL: http://www.ipp-muenchen.de/texte/keupp_normal_2_freiburg_07.pdf (letzter Abruf: 25.09.2016)

damit das Wahrgenommene kategorisiert werden kann. Es wird mit einem Gefühl besetzt und die Handlung wird ausgelöst. Dadurch wird vieles, was wir während unserer Entwicklung optisch wahrnehmen im Gehirn abgespeichert. Daraus ergibt sich ein Wiedererkennungswert. Das Gesehene wird zur Gewohnheit und somit *normal*. Für einen Menschen, der von Geburt an blind ist, ist es normal seine Welt in Licht und Schatten oder hell und dunkel einzuordnen. Er kennt es nicht anders.

So wie die Fledermaus in dem Buch von Jeanne Willis, die kopfüber hängend die Welt wahrnimmt und somit alles verkehrt herum sieht. Im Laufe der Evolution haben sich Fledermäuse auf das Kopfüberhängen ziemlich gut eingestellt. Sie besitzen zwar Füße, können diese aber nicht zum Stehen benutzen. „In ihren Beinen gibt es eine besondere Vorrichtung: eine spezielle Sehne verläuft von der Kralle bis zum Knie. Diese Sehne ist von einer Hülle umgeben, die mit winzigen Widerhaken besetzt ist. Beugt die Fledermaus die Krallen, rastet die Sehne an den Widerhaken ein."[5] Fledermäuse können so ohne Kraftaufwand kopfüber von der Decke hängen. Der Blutkreislauf ist ebenfalls darauf eingestellt. Er pumpt das Blut problemlos aus dem Kopf zum Herzen zurück. So kann die Fledermaus kopfüber hängen, sich putzen und schlafen. Manche Arten halten in dieser Position Winterschlaf und hängen monatelang an der Decke.

methodisch-didaktische Analyse

Ich führe die Bildungsinteraktion im Gruppenraum im Morgenkreis durch. Der Raum bietet genug Kapazität für alle Kinder und der Morgenkreis ist für die Kinder der gewohnte Rahmen, indem BI's durchgeführt und Fragen beantwortet werden.
Den Kindern ist bewusst, dass ich eine Angebotsreihe zu der Frage „Wer oder was bestimmt, was normal ist?" mit ihnen durchführe. Sie wissen bereits aus den vergangenen BI's, was *normal* und *anders sein* bedeutet und dass sowohl die Gesellschaft als auch die Kultur die Sichtweise auf die Welt beeinflussen Sie kennen ebenfalls den Begriff *Sichtweise* bzw. *Standpunkt*.
Zu Beginn erkläre ich den Kindern, dass es in der heutigen BI um die Wahrnehmung (über die Augen) geht. Um einen Einstieg in die Thematik zu finden, habe ich nach dem Prinzip der Anschaulichkeit das Buch „Kopf hoch, Fledermaus!" von Jeanne Willis und Tony Ross gewählt. Das Buch handelt von einer Fledermaus, welche den Tieren ihre Sichtweise von

---

[5] **Wissen macht Ah!:** *Wie schlafen Fledermäuse kopfüber?* In: www.wdr.de Stand: unbekannt
URL: https://www.wdr.de/tv/wissenmachtah/bibliothek/fledermause_schlafen.php5
(letzter Abruf am 25.09.2015)

der Welt schildert. Diese Tiere reagieren zunächst mit Unverständnis und machen sich über die Fledermaus lustig bis sie selbst einmal die Welt aus der Perspektive der Fledermaus wahrnehmen und erkennen, dass diese doch Recht hat. Die Geschichte hat zum Vorlesen die ideale Länge. Die Texte sind einfach geschrieben, teilweise sogar auf dem Kopf. Dies fordert die Kinder dazu auf, das Buch zu drehen umso die Perspektive ganz automatisch zu wechseln. Die Bilder sind groß und durch den Illustrator mit sparsamen Strich und Witz gestaltet. Damit alle Kinder die Bilder zur gleichen Zeit sehen und keine Unruhe entsteht, zeige ich die Bilder während des Vorlesens mit Hilfe eines Notebooks über einen Beamer. Die Geschichte bietet verschiedene Möglichkeiten, die Kinder zu aktivieren. Im Laufe der Geschichte fragt die Eule die Fledermaus, wie ein Baum oder ein Berg aussieht. Bevor ich die Antwort der Fledermaus vorlese, bitte ich die Kinder diese Fragen zu beantworten um Impulse zu setzen und die Kinder somit immer wieder aufmerksam zu machen. Durch Gesprächsbeiträge zu den aufgeworfenen Fragen erweitern die Kinder ihren Wortschatz. Vor dritten Frage, die die Eule stellt, unterbreche ich die Geschichte um die Spannung zu erhalten und bitte die Kinder um Folgendes: Ich habe ein Bild des ukrainischen Künstlers Oleg Shuplyak an die Wand gehangen. Ich bitte Kind A, welches weit vom Bild entfernt sitzt, zu beschreiben, was es sieht. Im besten Fall sieht es ein Gesicht. Daraufhin bitte ich Kind B, nah an das Bild heranzugehen und zu beschreiben, was es sieht. Die Kinder sollen sich gegenseitig zuhören und trainieren auf diese Weise auch ihre kommunikativen Fähigkeiten. Auf dem Bild erkennt man einen Künstler, der auf einem Stein sitzt und ein Gemälde von einem Haus malt. Nach dem Prinzip der Aktivität bitte ich daraufhin alle Kinder, das Bild einmal aus der Nähe und aus der Ferne zu betrachten. Ich frage die Kinder daraufhin, wieso Kind A und Kind B das Bild unterschiedlich wahrgenommen haben. Ich verdeutliche, dass es darauf ankommt, wie man die Welt mit seinen Augen sieht bzw. welchen Standpunkt man einnimmt. In diesem Fall geht es um den Gegensatz zwischen nah und fern. Ich leite dann wieder über zum Buch („Und was hat das Ganze jetzt mit der Fledermaus zu tun?") und lese die dritte Frage der Eule an die Tiere vor: „Habt ihr jemals versucht, die Dinge so zu betrachten, wie die Fledermaus sie sieht?" Ich frage die Kinder daraufhin, ob sie eine Idee haben, wie denn die Fledermaus die Dinge sieht. Wenn sie die richtige Antwort gefunden haben (auf dem Kopf), lese ich das Buch zu Ende und bitte die Kinder den Inhalt kurz zusammenzufassen. Durch das mündliche Nacherzählen bauen sie ihre kognitiven sowie kommunikativen Fähigkeiten aus. Abschließend bitte ich die Kinder mir zu erzählen, was sie heute gelernt haben. Ich verdeutliche noch einmal, dass es darauf ankommt, wie ich meine Welt mit meinen Augen sehe, z.B. ob ich groß oder klein bin, ob ich nah oder fern an einem Objekt stehe, ob ich die Dinge kopfüber betrachte etc. Ich erkläre den Kindern, dass dies u.a. einen entscheidenden Einfluss darauf hat, was für mich normal und damit vertraut bzw. gewöhnlich erscheint. Daraufhin schließe ich den Morgenkreis und gehe mit den Kindern nach dem Prinzip der Lebensnähe anschließend auf den Hof, um diese Erkenntnisse zu festigen. Ich setze verschiedene Impulse, um die Kinder zu aktivieren:

- Ein Kind nimmt ein anderes Huckepack, um die Welt wie ein Erwachsener zu sehen.
- Die Kinder drehen die Köpfe, um die Welt „verkehrt herum" zu sehen.
- Die Kinder legen sich hin und betrachten die Welt von unten.

Literaturverzeichnis

Bundeszentrale für politische Bildung: *Philosophieren mit Kindern.* In: www.bpb.de.
Stand: 24.5.2016. URL: https://www.bpb.de/system/files/dokument_pdf/Leitfaden_01_02_200516.pdf
(letzter Abruf am 22.09.2016)

UNESCO: *Erklärung von Prinzipien der Toleranz.* In: www.unesco.de. Stand: 23.09.2016
URL: http://unesco.de/infothek/dokumente/unesco-erklaerungen/erklaerung-toleranz.html
(letzter Abruf am 23.09.2016)

Emotion: *Was bedeutet eigentlich ... normal?* In: www.emotion.de Stand: 09.04.2014
URL: http://www.emotion.de/de/ina-schmidt/kolumne-normal-6214 (letzter Abruf am 24.09.2014)

Wissen macht Ah!: *Wie schlafen Fledermäuse kopfüber?* In: www.wdr.de Stand: unbekannt
URL: https://www.wdr.de/tv/wissenmachtah/bibliothek/fledermause_schlafen.php5
(letzter Abruf am 25.09.2015)

Keupp, Heiner: *Normalität und Abweichung.* In: www.ipp-muenchen.de Stand: unbekannt
URL: http://www.ipp-muenchen.de/texte/keupp_normal_2_freiburg_07.pdf (letzter Abruf: 25.09.2016)

Berner, Winfried: *Wahrnehmung - Das unsichere Fundament unseres Handelns.* In:
www.umsetzungsberatung.de Stand: unbekannt
URL: http://www.umsetzungsberatung.de/psychologie/wahrnehmung.php (letzter Abruf am 25.09.2016)

Willis, Jeanne: *Kopf hoch, Fledermaus!* 2. Auflage 2009, Düsseldorf: Patmos Verlag GmbH & Co. KG, 2008

BEI GRIN MACHT SICH IHR WISSEN BEZAHLT

- Wir veröffentlichen Ihre Hausarbeit, Bachelor- und Masterarbeit

- Ihr eigenes eBook und Buch - weltweit in allen wichtigen Shops

- Verdienen Sie an jedem Verkauf

Jetzt bei www.GRIN.com hochladen und kostenlos publizieren